LES DÉCHETS ET LE RECYCLAGE

Stephanie Turnbull

Maquette : Andrea Slane et Michelle Lawrence

Illustrations : Christyan Fox

Expert-conseil : Cecilia Davey

Pour l'édition française :

Traduction : Pascal Varejka

Rédaction : Renée Chaspoul et Nick Stellmacher

Sommaire

À la poubelle

Chaque jour, les gens jettent des choses vides, cassées, usées ou dont ils ne veulent plus.

La masse de déchets mis au rebut sur la Terre ne cesse d'augmenter.

En un an, les déchets que nous jetons représentent près de sept fois notre poids.

Une masse de déchets

L'origine des déchets est très variée.

Les habitations, les écoles et les bureaux en produisent beaucoup.

Les usines, les fermes et les chantiers de construction aussi.

Des déchets provenant de vieilles fusées flottent même dans l'espace.

La plupart des déchets finissent à la poubelle, mais parfois, les gens en abandonnent aussi dans la nature.

Les déchets abandonnés peuvent propager des maladies et blesser ou infecter les animaux.

Le ramassage

Des camions ramassent les ordures mises dans des poubelles ou des sacs.

La plate-forme élévatrice du camion soulève les poubelles et les vide à l'intérieur.

1. Une pelle mécanique pousse et tasse les ordures contre un panneau.

2. Plus le camion se remplit, plus le panneau mobile recule vers le fond.

3. On continue à déverser et à tasser les ordures dans le camion.

Venise, en Italie, n'a pas de rues mais des canaux ; les ordures sont ramassées en bateau.

Le transport

Après avoir ramassé les déchets, on les transporte dans une station de transfert.

Les camions y déversent leur chargement de déchets dans une fosse profonde.

Un puissant compresseur pousse les déchets dans de grands conteneurs en métal.

D'autres camions les transportent dans des endroits où ils seront enfouis ou brûlés.

Parfois, les conteneurs sont transportés en bateau ou en train et non en camion.

Certains trains peuvent convoyer plus de 200 conteneurs.

L'enfouissement

Les conteneurs sont ensuite déchargés dans des sites d'enfouissement.

Là, les déchets sont étalés et écrasés par un compacteur.

1. Les grosses roues du compacteur écrasent les déchets.

2. Des pelleteuses répandent de la terre sur les déchets.

3. Puis le lendemain, on déverse d'autres conteneurs par-dessus.

4. Peu à peu, le site d'enfouissement forme une colline.

Ensuite, on recouvre le site d'herbe. On n'aura bientôt plus de place pour en créer de nouveaux.

L'incinération

Certains déchets ne sont pas enfouis mais brûlés dans un incinérateur.

1. Les déchets sont déversés dans une grande fosse.

2. Un grappin saisit les déchets et les jette dans un grand four.

3. Puis on emporte les cendres dans un centre d'enfouissement.

4. La fumée du feu est évacuée par une haute cheminée.

L'air chaud produit par l'incinérateur permet de chauffer des maisons et des piscines.

Cet ouvrier travaille à l'incinérateur : il surveille le four où brûlent les déchets. Un casque à visière protège son visage.

Les déchets toxiques

Certains déchets, tels produits chimiques et huile de moteur, sont nocifs pour l'homme et la nature.

Cet homme porte un fût qui contient de dangereux produits chimiques.

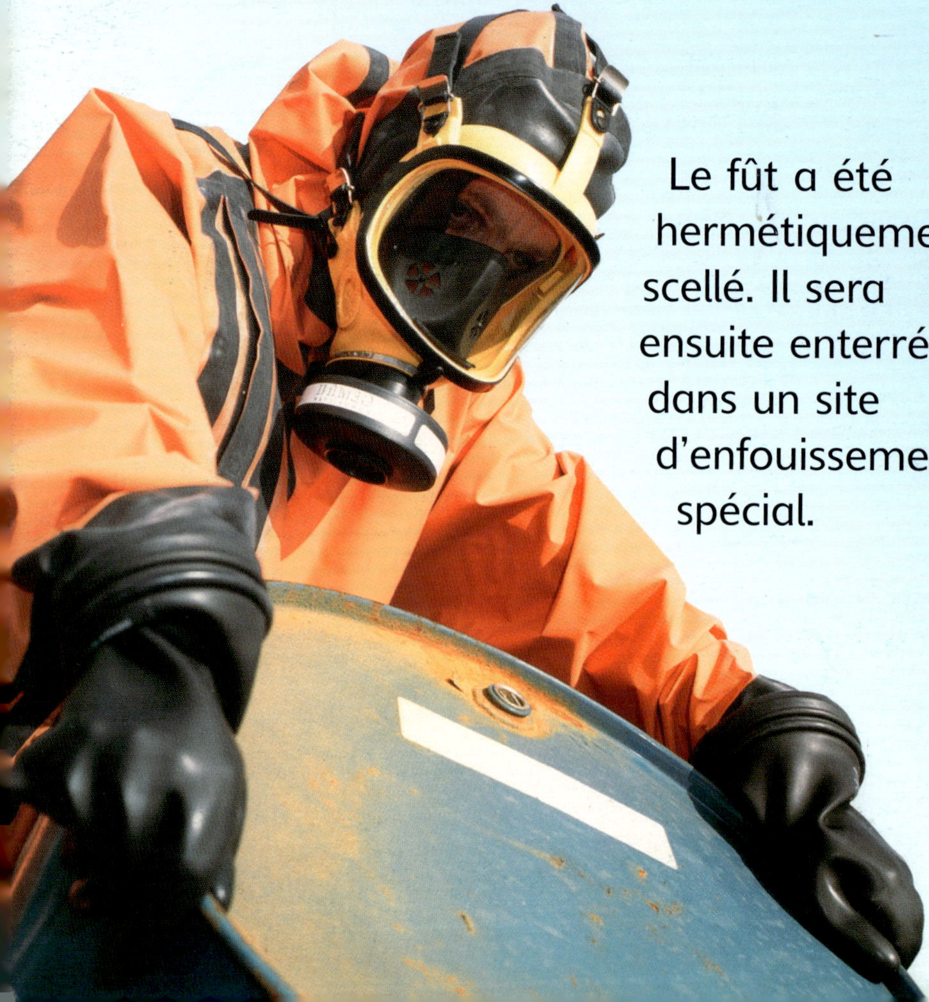

Le fût a été hermétiquement scellé. Il sera ensuite enterré dans un site d'enfouissement spécial.

Dans ce site d’enfouissement spécial, on recouvre les déchets chimiques d’une poudre blanche qui les scelle dans le sol.

Certains déchets chimiques ne sont pas enfouis mais brûlés.

Le pétrole répandu peut contaminer l’eau. Il faut donc l’enlever rapidement.

Dans les égouts

Quand tu prends un bain ou quand tu tires la chasse des toilettes, l'eau part dans des canalisations souterraines, les égouts.

Ce robot, qui a à peu près la taille d'un ballon de basket, parcourt les égouts pour vérifier l'état des canalisations.

1. Les égouts mènent les eaux usées à un champ d'épandage.

2. Un filtre retient les plus gros déchets, tels chiffons et brindilles.

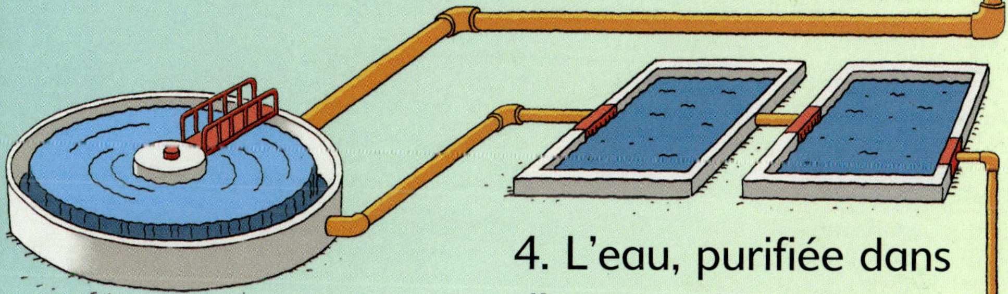

4. L'eau, purifiée dans d'autres réservoirs, retourne dans les lacs.

3. Puis le reste se dépose au fond de réservoirs.

Nettoyés et mêlés à la terre des terrains de golf, certains déchets solides aident l'herbe à pousser.

Le recyclage

Recycler, c'est fabriquer de nouvelles choses avec certains déchets.

On peut recycler le papier, le carton, le verre, le métal et le plastique.

Dans certains endroits, des camions à ordures ramassent les déchets recyclables.

Ailleurs, on porte les boîtes, les bouteilles et le papier à de grands conteneurs.

Ensuite les déchets sont triés. Ces hommes trient les boîtes de conserve et enlèvent ce qui n'est pas en métal.

Ce symbole figure souvent sur les choses que l'on peut recycler.

Les métaux

On peut fondre toutes sortes de métaux pour les réutiliser. Tu peux voir ici comment on recycle les canettes d'aluminium.

1. Les canettes sont compressées en blocs puis déchiquetées.

2. On élimine toutes les inscriptions sur les fragments à l'air chaud.

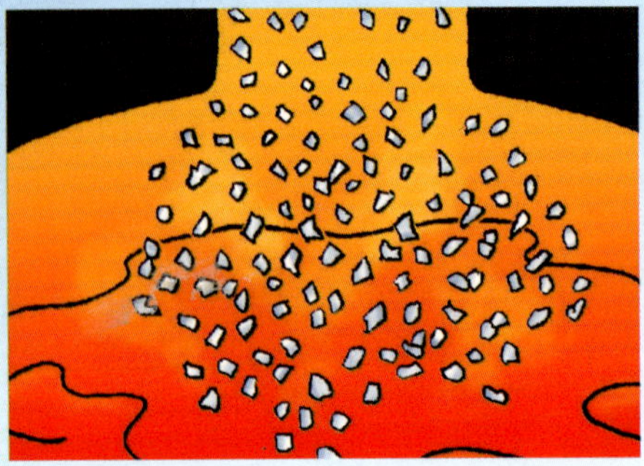

3. Puis, les fragments de métal sont chauffés pour les faire fondre.

4. On verse enfin le métal fondu dans des moules, où il refroidit.

Avec, on fabrique parfois des pièces d'avion ou de voiture.

Le métal durcit et forme des blocs comme ceux-ci. Avec un seul bloc, on peut faire plus d'un million de nouvelles canettes.

Le verre

On peut recycler sans fin les vieilles bouteilles et les vieux bocaux de verre.

1. Le verre usagé est déchargé sur un transporteur à courroie.

2. Des ouvriers trient le verre et enlèvent les plus gros déchets.

3. De lourds rouleaux broient le verre en petits morceaux.

4. Un appareil aspire les fragments de métal et les bouts de papier.

Le verre broyé est fondu puis moulé pour faire de nouveaux récipients prêts à l'usage.

On peut mélanger le verre broyé à du gravier pour revêtir les routes.

Le papier

Pour recycler le papier, on le mélange à de l'eau pour obtenir une pulpe pâteuse qui passe ensuite par différentes étapes.

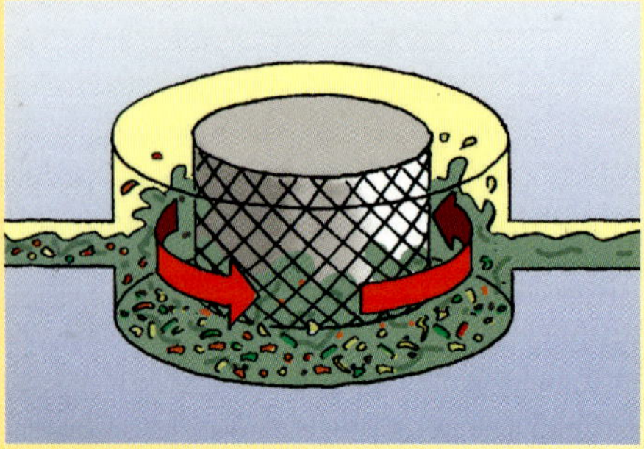

1. On la fait tourner pour faire tomber les agrafes au fond.

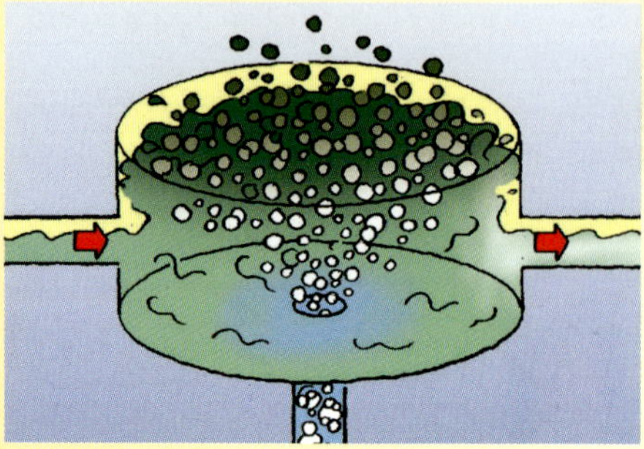

2. Un savon débarrasse la pulpe obtenue de l'encre et de la colle.

3. Ensuite, la pulpe est étalée sur un tamis mobile.

4. Compressée, séchée et enroulée, elle forme une grosse bobine.

Le papier recyclé est utilisé de différentes façons. Ici, il a été transformé en litière pour les vaches.

On peut recycler le papier plusieurs fois, en obtenant un nouveau produit à chaque fois.

Une bobine de papier recyclé fournit 80 000 rouleaux de papier toilette.

Le plastique

En recyclant les vieilles bouteilles de plastique, on peut obtenir un tissu souple et laineux avec lequel on fait des vêtements.

1. On récupère les bouteilles et on les trie par couleur.

2. On les nettoie à l'aide de puissants jets d'eau.

3. Puis, des rouleaux de métal les mettent en pièces.

4. Le plastique est fondu et il forme une bouillie visqueuse.

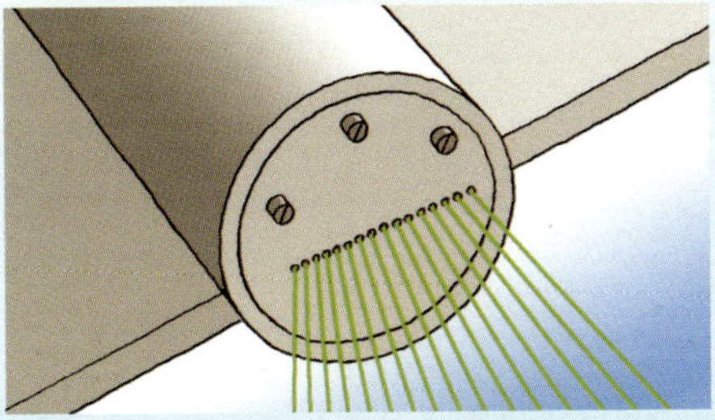

5. On étire le plastique fondu pour obtenir de longues fibres.

6. En tissant les fibres refroidies, on fabrique un tissu épais.

Ce tissu sert à fabriquer des vêtements chauds, comme celui que porte cet alpiniste.

Les bouteilles en plastique non recyclées mettent 800 ans à se décomposer.

Le compostage

Certains déchets, comme les feuilles et les épluchures de légumes, peuvent fournir une épaisse terre noire appelée compost.

Cette machine morcelle les déchets naturels provenant des jardins. Ils vont pourrir et se transformer en compost.

Certaines personnes jettent les restes de fruits et de légumes dans un composteur.

Les déchets pourrissent et se transforment en compost au bout de quelques semaines.

On peut alors se servir de ce compost pour aider les plantes à pousser.

Les vers de terre peuvent accélérer la transformation des déchets en compost.

Vocabulaire

Voici la liste de quelques-uns des mots utilisés dans ce livre, avec leur définition. Peut-être ne les connaissais-tu pas.

station de transfert : lieu où les déchets sont mis dans des conteneurs.

site d'enfouissement : endroit où l'on dépose des déchets recouverts de terre.

compacteur : machine qui écrase les déchets sur un site d'enfouissement.

incinérateur : usine où l'on apporte les déchets pour les brûler.

champ d'épandage : endroit où l'on purifie les eaux usées.

aluminium : métal argenté souvent utilisé pour faire des canettes.

compost : terre friable provenant de la décomposition de déchets végétaux.

Sites Web

Si tu as un ordinateur, tu peux chercher sur Internet d'autres informations sur les déchets et le recyclage. Sur le site Quicklinks d'Usborne, tu peux déjà te connecter aux quatre sites suivants :

Site 1 : Des jeux pour apprendre à trier les déchets et à sauvegarder l'environnement.

Site 2 : Pour en savoir plus sur le tri des déchets et sur ce qu'ils deviennent.

Site 3 : Pour en savoir plus sur le recyclage du plastique.

Site 4 : Trois animations montrant le recyclage de différents types de déchets.

Pour accéder à ces sites, connecte-toi au site Web Quicklinks d'Usborne sur **www.usborne-quicklinks.com/fr**. Lis les conseils de sécurité et tape le titre du livre.

Les sites Web sont examinés régulièrement et les liens donnés sur le site Quicklinks d'Usborne sont mis à jour. Les éditions Usborne déclinent toute responsabilité concernant la disponibilité ou le contenu de tout site autre que le leur. Nous recommandons d'encadrer les enfants lorsqu'ils utilisent Internet.